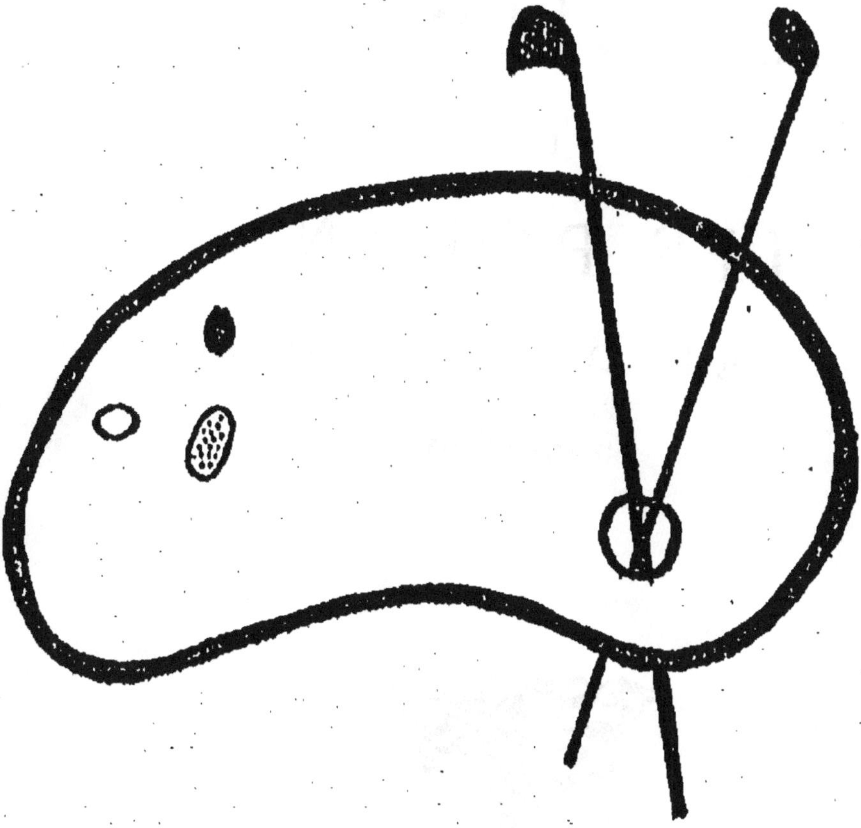

**DEBUT D'UNE SERIE DE DOCUMENTS
EN COULEUR**

Comte de CHABOT

LES CHABOT

ET

LES ROHAN

AU SIÈGE DE LA ROCHELLE

1527-1628

VANNES

LIBRAIRIE LAFOLYE

—

1892

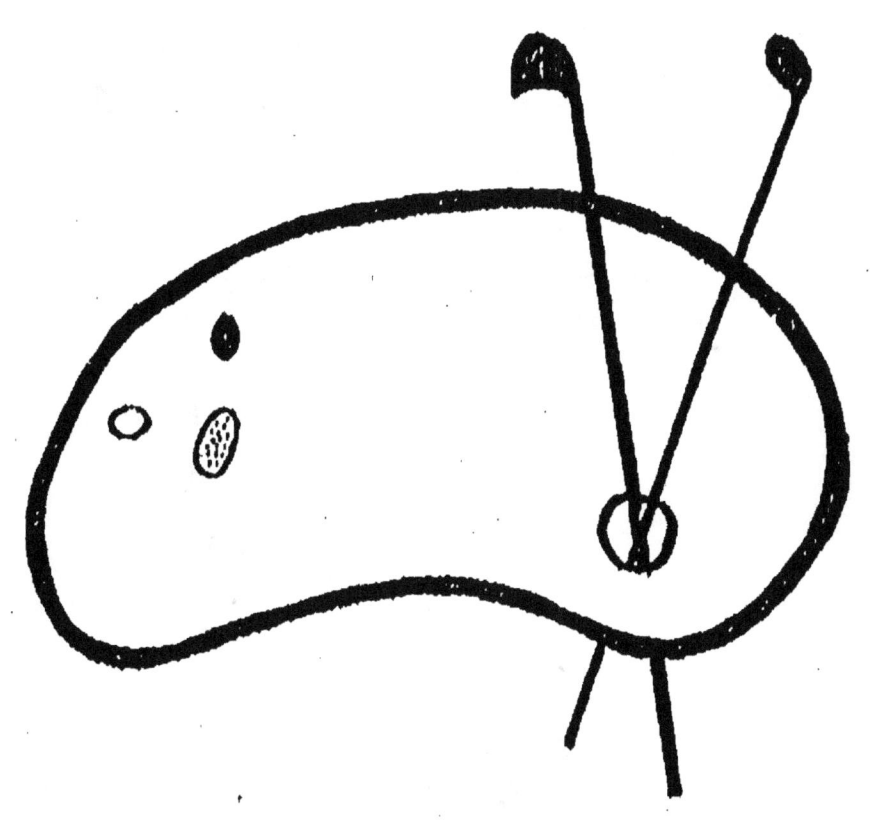

FIN D'UNE SÉRIE DE DOCUMENTS
EN COULEUR

Comte de CHABOT

LES CHABOT

ET

LES ROHAN

AU SIÈGE DE LA ROCHELLE

1527-1628

VANNES

LIBRAIRIE LAFOLYE

1892

UNE PAGE D'HISTOIRE

LES CHABOT ET LES ROHAN

A LA ROCHELLE

1527-1628

> « Tout peut se réimprimer, car tout est inédit. »
> (Th. Gautier).

Bâtie sur le penchant d'une petite colline d'où elle tire son nom, Rupella, la Rochelle, n'était au XIe siècle qu'une bourgade dépendant de la seigneurie de Chastel-Aillon. Éléonore, duchesse d'Aquitaine, l'établit comme ville et y organisa la commune.

Malgré les guerres incessantes et les convulsions de toutes sortes dont la Rochelle a été le théâtre, cette petite cité a été pendant plusieurs siècles la reine de l'Atlantique. Nous la voyons armer des flottes de 60 et 80 navires et tour à tour tenir en échec les puissantes marines de l'Angleterre, de la France et de la Hollande. Ville à la fois commerçante et guerrière, la Rochelle a conservé une physionomie typique et bien à elle. Ses riches armateurs avaient accumulé dans l'étroite enceinte de leur cité des bijoux d'architecture : au point de vue de l'élégance et du goût, les maisons particulières ne le cédaient en rien aux édifices publics.

Les églises élevées par les libéralités des habitants étaient, au dire des contemporains, « comme autant de cathédrales ». Hélas ! en quelques semaines elles devaient s'effondrer sous le marteau iconoclaste des huguenots du seizième siècle ! Deux clochers pouvant servir à leur défense sont seuls restés debout ; les ruines de ces superbes églises ont elles-mêmes disparu. Cependant la Rochelle peut encore montrer avec orgueil ses maisons en bois des quatorzième et quinzième siècles, ses pignons et ses lucarnes sculptés, ses grimaçantes gargouilles en pierres, ses tours de Saint-Nicolas et de la Chaîne, qui, se dressant à l'entrée du port, la défendaient d'un coup de main ; en tendant une forte chaîne (dont la dernière est conservée dans le musée de la ville) entre ces deux grosses tours, aucun navire ne pouvait pénétrer sans la permission du corps de ville ; le porche monumental de sa grosse horloge ; la tour de la Lanterne construite au milieu du quinzième siècle, et ainsi appelée « d'une lanterne de pierres percées à jour, vitrée et à six pans, contenant un gros cierge qu'on allume le soir pour indiquer l'entrée du port ». Cette tour sert encore aujourd'hui de phare.

L'hôtel de ville, monument fortifié des plus curieux, et qui, survivant à toutes les révolutions, a été restauré dernièrement avec infiniment de goût ; ses murs massifs, ses mâchicoulis béants, ses créneaux, son chemin de ronde, ses portes étroites ressemblent à une réduction des anciennes fortifications de la ville ; sa façade, sa cour intérieure, son balcon, son élégant beffroi surmonté de sa vieille cloche portent en effet le cachet des différentes époques des constructions défensives de la ville, aux quinzième, seizième et dix-septième siècles.

Parmi les plus belles œuvres d'architecture privée brille au premier rang l'hôtel d'Henri II et de Catherine de Médicis : les H et les C entrelacés dans les caissons des voûtes font de cette curieuse maison un véritable bijou.

Telles sont, avec le musée de la Bibliothèque, les principales curiosités de la vieille capitale du *pays d'Aulnis*.

Avant d'aborder mon sujet, je demande à mes lecteurs la permission de résumer en quelques lignes l'intéressante histoire de la Rochelle, cet aperçu devant éclaircir plusieurs points de cette étude.

Par suite du mariage d'Eléonore d'Aquitaine avec Henri II Plantagenet, la Rochelle passa sous la domination anglaise. Les Rochelais ne sympathisèrent jamais avec leurs nouveaux maîtres :

attachés de cœur à la France, jaloux de leur indépendance, nous les voyons, dès l'année 1282, armer une flotte puissante et courir sus aux Espagnols. Moins de cent ans après, en 1360, le funeste traité de Brétigny ayant cédé la Rochelle aux Anglais, une députation des principaux bourgeois se rendit à Calais pour supplier Jean le Bon, alors prisonnier du Roi d'Angleterre, de ne pas ratifier la clause du traité qui les livrait « ès mains des estrangiers, et qu'ils avoient plus cher à estre taillés tous les ans de leurs chevances, qu'ils le fussent ès mains des Anglois ». Emu d'une telle déclaration, le Roi leur répondit les larmes aux yeux qu'ayant engagé sa parole il fallait se résoudre à devenir les sujets d'un autre maître :

« Nous le ferons, dirent-ils, et nous obéirons aux Anglais des lèvres, mais nos cœurs ne s'en mouveront »

Heureuse ville, si elle eût su garder dans l'avenir ces sentiments d'honneur et de fidélité ! !

Douze ans plus tard, Duguesclin guerroyant en Aunis, les Rochelais s'emparent de la garnison anglaise, et remettent leur ville au connétable. Charles V, en reconnaissance de leur patriotisme, leur accorda les plus grands privilèges ; le maire et vingt-quatre échevins reçurent des lettres d'anoblissement, et les droits de la commune furent considérablement étendus : l'échevinage conféra la noblesse ; en sortant de la première séance qui suivait sa nomination, le bourgeois rochelais se rendait dans la rue des Gentilshommes par une porte basse appelée aussi la porte des Gentilshommes : entré roturier à l'hôtel de ville, il en sortait noble aussitôt après avoir franchi la porte basse qui débouchait dans la rue.

Jusqu'au milieu du XVI° siècle, la Rochelle resta fidèle à son passé ; ce fut pour elle une période de gloire, de prospérité et aussi d'honneur.

Si plus tard elle faillit à ce passé, les entraînements d'une erreur nouvelle et les mauvaises influences de ses conseillers laissèrent intacte la fidélité de ses meilleurs citoyens ; la populace, en les terrorisant au nom de la Réforme, ne réussit pas toujours à entamer sur ce point la partie la plus saine de la bourgeoisie et du peuple.

Avant d'aborder la période si troublée qui s'étend de 1552 à 1628, il convient d'ajouter que les conventions arrêtées avec les ennemis du royaume, entre autres le traité conclu entre le prince de Condé et les principaux chefs protestants en 1568 ne furent jamais approuvées par le corps de ville : elles furent l'œuvre des factions imposant leurs volontés par l'émeute et la violence.

Sous la domination anglaise, nous l'avons dit, les Rochelais n'avaient jamais pu souffrir l'humeur farouche, dédaigneuse et fière de ce peuple : « Les Rochelais, dit Froissart, oncques n'aiment naturellement les Anglois, et sont de ceste nature qu'ils ne peuvent les aimer ; et les autres qui sont orgueilleux et présomptueux ne les peuvent aimer aussi. » Cette aversion ne s'est pas éteinte, et si parfois les Rochelais ont accepté leurs services, ils n'ont jamais voulu les tenir pour maîtres.

Charles Chabot
(1527 à 1559).

En 1527, Charles Chabot, seigneur de Jarnac, d'Aspremont et de Brion, fut nommé gouverneur du pays d'Aulnis et capitaine de la ville de la Rochelle. Fils de Jacques Chabot et de Madeleine de Luxembourg, frère aîné de Philippe Chabot grand amiral de France, il était lui-même vice-amiral de Guyenne, maire et capitaine de Bordeaux et du château du Hâ.

La Rochelle où Jarnac avait fixé sa résidence était alors livrée à des querelles intestines entre les administrateurs de la commune et le peuple : durant le siècle compris entre 1527 et 1628, elle flottera dans un tourbillon dangereux, d'où cette reine de l'Océan ne sortira que ruinée et amoindrie pour toujours.

Cette époque troublée, pendant laquelle les Chabot et les Rohan jouèrent à la Rochelle un rôle actif, nous a paru intéressante à étudier, pour ceux surtout que des liens de famille rattachent à ces deux maisons.

Un an à peine après son installation comme gouverneur, Jarnac écrit au roi François 1er, à propos des troubles survenus en 1528, une lettre dans laquelle il dit « que les querelles des habitants ne sont pas éteintes ; que les élections du maire et des conseillers sont l'objet de brigues et de désordres ; que les finances sont dilapidées ; que l'établissement de la perpétuité de la mairie lui paraît le remède indiqué pour mettre fin à de telles calamités ». François Ier résolut alors de donner à la commune une forme nouvelle, et afin de fermer la porte aux ambitions populaires, il voulut que la mairie, au lieu d'annuelle, devînt perpétuelle : le roi s'en réserve la nomination et pourvoit le gouverneur actuel de cette charge ; le corps de ville est réduit à vingt échevins au lieu de cent et soumis à l'élection de deux ans en deux ans. Les lettres patentes sont datées de la Fère, juillet 1530. Grâce à cette sage mesure, la Rochelle jouit d'un calme relatif pendant dix ans.

La populace qui avait combattu avec violence l'ancienne administration de la commune, excitée par quelques mécontents, saisit la première occasion pour manifester ses regrets d'un état de choses qu'elle n'avait pu supporter : l'esprit d'indépendance des Rochelais ne tarda pas à se manifester par une sourde hostilité contre le maire perpétuel. Charles Chabot écrit au grand maître Anne de Montmorency une lettre dans laquelle il se plaint de la mauvaise volonté des Rochelais quand il s'agit du service du roi :

« *Charles Chabot au grand maître Anne de Montmorency.*

« Monsieur, à mon retour de la Rochelle m'en suys venu chez moy pour faire tenir prestz les arrière-ban et frans archiers, et ay eu lectres de la court, des Parlements de Bourdeaulx et de Poictou, et advertissement que les Espagnolz se fortifient à Sainct-Sebastien, et au Passage de navires, gallions et pinaces en plus grand nombre qu'ilz n'ont accoutumé, pour venir en l'Isle de Ré, qui est à une lieue et demye d'icy. Et par adventure, Monsieur, qu'ilz viendront en ceste ville et s'ilz y font effort en grand dangier de la prandre, car elle est en aussy mauvais ordre qu'il est possible ; et ne veullent souffrir ceulx de la ville, combien qu'ilz ayent veu lesdictes lectres et advertissements, que je y mecte homme pour leur ayder à la garder, et les treuve en très maulvaise volonté, et ne scay à quoy me tenir d'eulx dont ay bien voulu avertir le roy et vous pour ma descharge. »

« Monsieur, je suis icy sans gens, sans argent, et sans estre obéy, et ne voy le moyen d'y pouvoir faire service au roy, s'il ny donne ordre ; par quoy je vous supplie, Monsieur, y pourveoir, ou que le plaisir dudict sieur soit de m'employer en autre chose. »

De la Rochelle, ce 3 avril (1536) *(Bibl. nat. mss fonds français).*

Et cependant Jarnac avait soin de la cité dont il était gouverneur. En date de la même année nous avons une délibération du conseil de la ville, dont voici un extrait :

« *Délibération du conseil royal de la Rochelle (1536).*

« Au conseil du roy, aujourd'hui tenu en la ville de la Rochelle auquel estoit noble et puissant seigneur Messire Charles Chabot, chevalier de l'ordre, sieur de Jarnac, Montlieu et Saint-Aulaye, gentilhomme de la Chambre du roy, nostre dict seigneur, maire capitaine de la ville et cyté de Bourdeaulx, gouverneur cappitaine et maire perpétuel de la ville de la Rochelle et vis-admiral de Guyenne ; le lieutenant-général, les advocat et procureur, après recyt faict par ledit lieutenant, que dès le cinquiesme jour de ce présent moys d'avril, le feu s'estoit mis en l'appentif couvert d'ardoise du chastel et prisons du roy... a esté ordonné et délibéré que le mestre voyer du roy divisera ce qui est nécessaire pour la réparacion de ce qui a esté bruslé et démoly, etc.

« Faict audict conseil, le lundi dixiesme jour d'apvril 1536.

« G. JOUBERT, procureur, etc. »

(Bibl. Nat. Mss. — Pièces orig. 642.)

François Ier, désirant remettre un peu d'ordre dans ses finances épuisées par les guerres, avait imposé la gabelle aux provinces du Poitou, de la Saintonge et de l'Aunis, exemptes jusqu'alors des droits sur le sel (1542).

Jalouse de ses immunités, la Rochelle s'empresse de réclamer : le peuple ne tarde pas à se mutiner et refuse d'obéir. Instruit de ce qui se passe, le roi écrit à Jarnac de Mâcon le 6 août 1542 d'arrêter les coupables, de les exiler en Limousin et de pourvoir la ville d'une garnison de 300 hommes. Une seconde missive du roi adressée aux officiers municipaux leur enjoignait de se mettre à la disposition du gouverneur pour assurer le bon ordre.

A l'arrivée de la garnison, le mécontentement des Rochelais se traduisit par des hostilités. Amos Barbot, historien protestant et zélé calviniste, raconte qu'un soir « comme les bourgeois portaient à Jarnac les clefs de la ville, quelques soldats voulurent les leur enlever ; les bourgeois ayant résisté, la populace s'empressa de prendre fait et cause pour eux, attaqua les soldats, en tua une partie et fit les autres prisonniers. Les mutins conduisirent à Jarnac le capitaine de cette petite troupe, le priant de le punir « lui et ses complices ». Jarnac fut indigné de cette audace à la suite d'un attentat aussi grave : il promit néanmoins d'examiner l'affaire. Loin de se calmer, les rebelles revinrent peu après lui demander d'obtempérer à leurs revendications, d'un ton si arrogant, que Jarnac ne se sentant pas assez fort pour résister à tout un peuple en armes, dut faire sortir de la ville la petite garnison que le Roi lui avait ordonné d'y entretenir.

Irrité d'une telle révolte, François Ier jura, dans un premier mouvement de colère, de raser la ville coupable. Il se rendit à Angoulême, et avant de prendre un parti, il fit savoir aux Rochelais qu'il voulait se rendre un compte exact des faits criminels dont ils s'étaient rendus coupables : il leur mandait en outre de lui envoyer une députation des principaux bourgeois.

Aussitôt l'arrivée de ces députés et pour leur faire sentir la gravité de leur faute, le Roi refusa de les recevoir. A la Rochelle la désolation fut extrême ; par ordre du Roi, Jarnac vint immédiatement occuper la ville avec 50 hommes d'armes et 300 soldats. Le premier soin du gouverneur fut d'enlever les armes aux mutins : une ordonnance sévère leur enjoignit de déposer dans la petite tour de la Chaîne leurs épées, leurs poignards et jusqu'à leurs bâtons.

Le 3 décembre, François Ier, accompagné de son second fils Charles d'Orléans, du duc de Vendôme, du comte de Saint-Pol, de plusieurs cardinaux, du garde des sceaux et de grands dignitaires de la couronne, fit son entrée solennelle à la Rochelle.

Il défendit aux habitants de se présenter devant lui, ne voulant être escorté que par un détachement de ses propres troupes.

Incontinent le Roi assembla son conseil ; les révoltés furent déclarés tous coupables malgré l'éloquente défense d'Olivier Le Queux, sous-maire nommé par Jarnac.

Cependant le Roi voulut bien commuer la peine capitale en une amende pécuniaire.

Enchanté de ce dénouement inespéré, le conseil de la ville, après une rapide délibération, proposa à Sa Majesté de s'imposer d'une somme de 40,000 livres pour mettre en état de défense les fortifications de la Rochelle.

« Le Roi, prenant la parole, reprocha aux coupables leur félonie ; il ajouta qu'ils étaient d'autant plus criminels qu'ils avaient osé se soulever contre leur maître, lorsque à la tête de ses troupes, il soutenait laborieusement la guerre ; que les impôts dont ils se plaignaient étaient une conséquence nécessaire des charges de l'État ; que des Français dignes de ce nom devaient leurs vies et leurs biens aux besoins de la patrie ; que, pouvant appesantir son bras sur eux, il préférait suivre la pente de son cœur, et qu'il ne voulait être leur roi que pour être leur père. » (Arcère).

Ce fut pour la Rochelle une de ses plus belles journées : François Ier mit le comble à ses bontés en ordonnant au gouverneur de rendre les clefs aux bourgeois de la Rochelle et au peuple ses armes.

« Car, ajoutait le Roi, en eux je me fie ». Paroles imprudentes peut-être, mais bien dignes d'un Roi de France !

L'année suivante, François Ier, craignant une descente des Espagnols et des Anglais sur les côtes de l'Aunis, convoqua l'arrière-ban des provinces voisines et les milices rochelaises. De peur de voir ces dernières se mutiner contre Jarnac, Sa Majesté préféra se priver de ses services et donner le commandement des troupes au comte du Lude (1544)[1].

Nous ne retrouverons plus Charles Chabot à la Rochelle jusqu'à l'époque de sa mort en 1559.

Guy Ier Chabot (1559 à 1584).

Amos Barbot nous apprend que Guy Ier Chabot, seigneur de Montlieu, baron de Jarnac, chevalier de l'ordre du Roy, capitaine de 50 hommes d'armes, fut nommé « gouverneur particulier de la

---

[1] Jean de Daillon, premier comte du Lude.

ville et gouvernement de la Rochelle sous l'autorité du roi de Navarre (Antoine de Bourbon), aussitôt après la mort de son père Charles Chabot, avec le droit d'avoir les clefs de la ville, la garde d'icelle et le commandement absolu, suivant ses provisions de janvier 1559 ; pour la prise de possession dudit gouvernement, ledit seigneur entrera dans cette ville le 14 dudit mois. »

L'année suivante, ému de la détresse des marchands rochelais, Jarnac écrit au duc de Guise, que les habitants qui ont fourni des vivres à l'armée n'ont pas été remboursés de leurs frais. « Les povres gens meurent de faim et ont habandonné pour la plupart leurs maisons pour me venir chercher jusqu'ici. » Il ajoute : « J'ai toujours l'œil à la Rochelle et à mon gouvernement, dont je suis d'heure en aultre adverty, pour ne faillir à ce qui est digne du service du Roy. » (Soc. arch. de la Charente, t. IV).

De Jarnac, ce dix-neufviesme de novembre 1560.

GUY CHABOT.

Douze jours auparavant il avait écrit au cardinal de Lorraine et au duc de Guise :

« Messeigneurs, il vous plaira faire payer à ces povres gens de la Rochelle qui ont fourni les vivres aux gallères de M. le Grand-Prieur, par le commandement du Roy ; et s'en vont destruictz s'il ne vous plaise y mectre la main. »

Si Jarnac soutenait les intérêts légitimes de ses administrés, il n'était pas moins fidèle à son souverain. Comme responsable du bon ordre, il dut avertir la régente Catherine de Médicis des troubles survenus à la Rochelle.

Lettre de Guy Ier Chabot à Catherine de Médicis.
Bibl. Nat. Mss. — F. franç. (3186).

« Madame, suivant le commandement qu'il a pleu à vostre majesté me faire, de vous advertir de toutes choses qui passeront de par deça, je n'ay voullu faillir expressément dépescher ce porteur, pour vous faire entendre que puys peu de jours ilz se sont faictes des assemblées de deça, esquelles est intervenu grande mutinerie et sédition, pour la diversité des opinions différentes les unes aux autres touchant la religion, et jusques à s'entretuer, où les officiers ne peuvent ou ne veullent mectre ordre ; chose de dangereuse conséquence et qui ne peut apporter que une grande désobéissance et sédition ; à quoy il me semble estre très requis et nécessaire pourveoir. A ceste cause, Madame, pour obvier à telle entreprise, je n'ay voullu faillir à vous advertir, craignant que soubz le manteau de la religion, il y ait sédition et eslévation populaire, et que la noblesse y soit meslée, d'autant que des deux partyes il y en a un bon nombre ; ne voulant aussi faillir de vous dire qu'en ma terre de Jarnac les ministres preschent publiquement, où il y a grosse assemblée, mais sans aucune contradiction ni esmotions les ungs contre les aultres, ne suyvant que la parole de Dieu. Et quand j'aurai reçu les commandements du Roy et de vous, je les suivrai et mettray ordre au mieulx qu'il me sera possible de les exécuter, et pour le bien en mieulx conduire les choses à vostre volonté en mon gouvernement. Je y serai dans peu de jours, ne voulant faillir vous dire que jusques icy je y vois ung chacun vivre en unyon et tranquillité, suyvant les commandements du Roy et les vostres, etc.

« De Jarnac, ce VIII juing 1561.

« Vostre très humble, très obéissant, et très affectionné fidèlle serviteur et naturel subject.

« GUY CHABOT. »

De plus en plus audacieux, les réformés rochelais, malgré les édits qui les obligeaient à restituer les églises usurpées aux catholiques, continuaient à prêcher publiquement la nouvelle religion dans les églises de Saint-Barthélemy et de Saint-Sauveur. Plusieurs ministres calvinistes venus de Genève excitaient le peuple ; la révolte couvait dans les cœurs lorsque Louis de Bourbon, premier prince de Condé, prit le commandement suprême de la ligue protestante. Avant d'embrasser le parti de la Réforme, ce prince s'était distingué au service de la patrie à la bataille de Saint-Quentin et au siège de Metz. Connaissant l'importante position de la Rochelle, il voulut la faire déclarer et l'obliger à prendre les armes. Le Consistoire redoutant de s'engager dans une guerre pleine de périls se contenta de voter des secours en argent.

Jarnac, dont l'autorité était alors respectée, eut la plus grande part à cette décision relativement modérée ; il s'était énergiquement déclaré contre une prise d'armes, et avait chassé de la ville le ministre Faget qui avait fait publiquement appel à la révolte.

Les protestants dont le culte avait été toléré en dehors de l'enceinte de la ville, et qui tenaient leurs assemblées dans « la prée de Maubec », entreprirent de le rétablir au cœur de la Rochelle.

Le 31 mai de cette même année (1562) on célébra solennellement la Cène sur la grande place du Foin. La populace excitée par les prédicants et par ce nouveau spectacle se livra dans la soirée aux plus violents excès. Les églises catholiques furent dévastées : on brisa les autels et les images de Notre-Dame, on pilla la riche chapelle de la Gravelle dans l'église des Dominicains. Quand le gouverneur et le maire furent avertis de ces scènes de vandalisme, le mal était déjà fait. Ils se promirent de punir les coupables ; quelques ministres moins exaltés blamèrent ces fureurs d'iconoclastes : « La maladie d'abattre les images, dit le pasteur Philippe Vincent, en déclarant à Jarnac avoir été étranger à cette sédition, était quasi universelle et s'est communiquée par contagion à ceux de cette ville. »

Nous voyons quelques mois plus tard François de la Rochefoucauld, beau-frère de Condé et un de ses lieutenants, convoquer un synode général à Saintes. Soixante pasteurs calvinistes répondirent à son appel et décidèrent que la guerre « était légitime et nécessaire au bien des églises ». Charles Léopard, émissaire de la Rochefoucauld, eut beau représenter à Jarnac et au corps de ville qu'il allait des intérêts de la Rochelle d'adhérer à la confédération, le gouverneur tint ferme ; il dépêcha deux de ses officiers au Roi, pour assurer Sa Majesté de la fidélité des Rochelais.

Le 23 septembre 1562, Jarnac écrit à la Régente une lettre dont nous extrayons les passages suivants :

Lettre de Guy Chabot à Catherine de Médicis.
Bibl. Nat. — F. français (15877)

« Madame, puisque le venin de la conspiration faicte et conjurée à l'encontre de moy, par ceux qui me sont ennemis mortelz pour avoir fidèlement obéy et unicquement recongnu les commandemens du Roy et vostres, dont je vous ay cy-devant advertie, et si abondant qu'il soit parvenu jusques aux oreilles de Vostre Majesté, ainsi qu'il vous a pleu m'advertir, dont je vous mercy très humblement. Il vous a pleu, Madame, me faire ceste grâce et faveur, sans toutes fois me pourveoir et secourir des remèdes que tant de foys j'ay demandés.... Quant à l'assurance et conservation de ceste place, ma présence n'y est nullement requise, n'ayant les moiens de me prévalloir en ce qui deppend de l'autorité du Roy ; et me semble, Madame, sauf vostre meilleur advis, pour mieux la conserver, qu'il serait bon en laisser la charge aux habitants de ceste ville, en attendant qu'il ait pleu à Votre Majesté, autrement y pourvoir et donner ordre, remettant le surplus pour vous dire quand j'aurai cest heur d'estre auprès de Vostre dicte Majesté...

« De la Rochelle le XXII septembre 1562.

« Vostre très humble, très obéissant et très affectionné fidèlle serviteur,

« Guy Chabot. »

Trois jours après avoir envoyé ce message à la reine-mère, Jarnac apprend que La Rochefoucauld arrive à l'improviste pour s'emparer de la ville, il ordonne de fermer les portes, arme le peuple, et fait avorter l'audacieuse entreprise du chef calviniste.

Plus heureux que La Rochefoucauld, mais non moins téméraire, le duc de Montpensier, à peu de jours de là, s'empara par ruse de la Rochelle, y rétablit le culte catholique et chassa les ministres. « Il se trouva 22 ou 23 pasteurs qu'on envoya boire avec tous leurs amis, excepté celui de M. de Jarnac. » (Coutureau, *Vie de Montpensier*).

Ceci prouve que Jarnac était déjà protestant.

A la suite de nouveaux troubles, l'autorité du gouverneur devint de plus en plus chancelante : pour remédier à cet état de choses, Jarnac détermina le roi Charles IX à venir à la Rochelle. Les magistrats instruits de la résolution du souverain résolurent de lui faire une réception digne de sa royale Majesté. Il fut décidé qu'un des fils de Jarnac, ayant pour lieutenant Jacques de Lyon, irait au devant du roi « à la tête des milices bourgeoises parées d'armes brillantes et d'un uniforme incarnat et bleu » (Arcère). Les chroniqueurs du temps, Amos Barbot à leur tête, célébrèrent à l'envi les fêtes brillantes qui se succédèrent pendant le séjour du roi (1565).

Avant de quitter la Rochelle, Charles IX voulut affermir l'autorité de Jarnac en lui confiant la garde des tours de Saint-Nicolas, de la Chaîne, de la Lanterne, avec celle de l'artillerie et des munitions de guerre.

Dans un second édit il enjoignit aux magistrats de protéger la religion catholique, et de réprimer les excès des pasteurs calvinistes enclins à décrier le pouvoir royal et à prêcher la rébellion.

La présence du roi et la promulgation de ces deux édits ramena la paix dans la ville.

Louis d'Estissac[1] pendant le cours de son gouvernement avait proposé au roi de construire au milieu de la ville une citadelle pour y loger le gouverneur, un capitaine et une compagnie de soldats suffisante pour contenir les mutins. Jarnac eut beau représenter que cette sage mesure, en maintenant le peuple dans l'obéissance, aurait pour résultat d'éviter les futures révoltes, « la Rochelle estant le nid où avaient accoustumé tous les desseins de rébellion », le connétable de Montmorency combattit l'avis de Jarnac et fit abandonner l'idée de ce projet. Le gouverneur avait cependant raison ; le peuple toujours facile à émouvoir eût été retenu dans le devoir : qui sait si la Rochelle n'eût pas par ce moyen évité le lamentable blocus qui fit périr de faim les quatre cinquièmes de ses habitants ?

Moins de deux ans après le séjour de Charles IX, Pontard, jeune homme séditieux et débauché, ayant été nommé maire, attisa le feu de la révolte. Le roi, voyant le trésor de l'Etat à peu près à sec, venait par économie de retirer de plusieurs villes les troupes qu'on y entretenait. Les Rochelais saisirent avec empressement cette occasion pour s'offrir de garder eux-mêmes leur ville. Le roi, cédant à des conseils dangereux, accéda à leur désir. Jarnac eut beau représenter qu'une telle mesure, en ruinant son autorité, atteindrait celle du roi ; que des mutins devenus plus hardis quand ils se sentiraient maîtres absolus de leurs remparts pourraient ou les livrer à l'étranger ou les défendre contre le roi, on n'écouta pas ses prévoyantes remontrances. Pendant quelques mois Jarnac éluda les ordres du roi, hésitant à remettre les tours au peuple ; le lieu-

---

[1] Benjamin de la Rochefoucauld, seigneur d'Estissac.

tenant général du Poitou vint lui-même à la Rochelle faire évacuer les tours à la garnison royale.

On ne tarda pas à se repentir de cette imprudence : le prince de Condé levant l'étendard de la révolte conçut le projet de s'emparer des places fortes du royaume. Averti de cette odieuse conspiration, le roi ordonna à Jarnac de lever des troupes et de s'assurer de la Rochelle. Disposant d'une poignée d'hommes, le gouverneur ne put que faire remettre au corps de ville les dépêches de Sa Majesté. Jarnac reçut de nouveaux ordres, on voulait coûte que coûte enlever la Rochelle aux factieux. Mais le maire Pontard et son cousin Saint-Hermine levèrent le masque, et entraînèrent à la révolte la majeure partie de la populace, devenue calviniste. De concert avec Montluc[1] et le seigneur du Lude, Jarnac prit alors des mesures énergiques ; il leva des troupes et marcha sur l'Aunis. « Protestant, mais sujet fidèle, il ne crut pas que la religion lui permît d'être rebelle en sa faveur ; faut avouer qu'il marcha sur les voies de l'honneur et du devoir » (Arcère). L'année pendant laquelle Pontard exerça les fonctions de maire (1568) fut pour la Rochelle une époque désastreuse. A la tête de la populace soulevée par les ministres calvinistes, encouragé par leur complicité, Pontard fait massacrer des prêtres, dévaste et pille les églises dont il fait transporter chez lui toutes les richesses ; non contente de briser les statues des saints, de réduire les images en cendres, la populace s'acharne après les monuments, renverse les plus belles églises afin d'augmenter avec les moellons qui proviennent des démolitions les remparts de la ville.

Les dévastations s'étendirent au delà de l'enceinte de la Rochelle : les églises des villages environnants furent pillées et plusieurs furent entièrement brûlées.

Outré de ces excès, le roi, voulant protéger ses sujets catholiques et punir les coupables, ordonne à Montluc d'assiéger la ville rebelle. Montluc obtint d'abord plusieurs importants succès : il s'empare de vive force de l'île de Ré, une des clefs de la Rochelle.

La paix conclue à Longjumeau vient arrêter les progrès de l'armée royale et suspendre les hostilités.

[1] Blaise de Montluc, maréchal de France, d'une branche cadette des Montesquiou d'Artagnan.

Jarnac rentre à la Rochelle et y fait publier l'édit de pacification. Pontard et son complice Ste-Hermine sont chassés de la ville : punition bien légère pour tant de crimes !

Toujours dominés par la populace, les bourgeois jetèrent les yeux, pour remplacer le maire Pontard, sur deux des citoyens les plus factieux, Jean Salbert et Bataille.

Instruit de ces intentions, Jarnac défendit au peuple de s'assembler pour procéder à l'élection avant d'avoir reçu des ordres de la cour. En même temps il avertissait le roi « que les Rochelais voulaient élire un maire aussi factieux que Pontard ; qu'il le priait de ne pas confirmer l'élection de celui des deux qui serait choisi ; que le repos et la sûreté de la ville en dépendaient ; que la construction d'une citadelle pourrait seule contenir les mutins ; que cette citadelle était d'une si grande importance pour le service du roi, qu'il était résolu à porter lui-même *la hotte*, à l'exemple de ceux qui l'avaient portée pour se soustraire à son obéissance. » Il ajoutait « que sans cela il serait obligé de se retirer. » (Soulier, page 108). Sans attendre l'avis du roi, les bourgeois s'assemblèrent et Jean Salbert fut élu. Jarnac s'empressa de demander des instructions à Catherine de Médicis, alors régente du royaume. Non seulement Catherine confirma l'élection du maire, mais elle laissa entre ses mains la garde des tours, et, chose plus incompréhensible encore, elle autorisa les Rochelais à compléter leurs fortifications. C'était leur faciliter les moyens de s'allier aux ennemis du Roi et de pouvoir le combattre. L'histoire a jugé la politique de bascule de l'astucieuse Italienne. Abandonné par Catherine dont il n'avait fait que suivre les instructions, Jarnac avait l'âme trop fière pour supporter un tel désaveu ; il fit sans tarder ce qu'il devait à sa dignité : il quitta la Rochelle, peu touché et peu jaloux d'un vain titre qui lui avait valu plus de traverses que de satisfactions.

Guy II Chabot.

Petit-fils de Guy Ier, Guy II lui succéda en 1584 comme gouverneur et capitaine de la Rochelle : seigneur de Saint-Gelais et de Montlieu, de Marouette et autres lieux, comte de Jarnac, chevalier de l'ordre du roi, capitaine de 100 chevau-légers, Jarnac était en outre lieutenant général pour le Roi en Aunis et en Saintonge sous le prince de Condé.

Ce fut en cette qualité qu'il joua un rôle important dans l'assemblée des églises réformées tenue à la Rochelle le 25 décembre 1620 (Pièces orig. t. 642, n° 83).

Malgré les sages remontrances de Duplessis-Mornay[1], les conseils violents furent écoutés et la rébellion armée suivit de près les décisions de l'assemblée. « L'assemblée générale de la Rochelle, dit le duc de Rohan dans *son discours sur les derniers troubles*, convoqués par le sieur Favas, fut la source de nos malheurs ; son prétexte était pour remédier aux affaires du Béarn qui estoient sans remède, et le vrai sujet le gouvernement de Lectoure, pensant à se rendre considérable par là et à se faire chercher pour en profiter. »

L'attitude de Guy Chabot dans cette circonstance fait supposer qu'il faisait profession de la religion réformée (Anquez, *Hist. des assemb. polit. des réformés*).

Nous le voyons effectivement plus tard, le 25 février 1621, écrire à l'assemblée pour « protester de son zèle au bien général des églises » et de son désir « de demeurer inséparablement dans leur union et de se soumettre aux résolutions de l'assemblée ».

Le 8 avril suivant, il lui fait proposer de se charger du gouvernement de la ville de Pons, si elle voulait payer 16,000 l. pour mettre en état de défense les fortications de cette ville : l'assemblée, eu égard à la personne du seigneur de Jarnac, « accorde cette somme » (Arcère).

Guy ne tarda pas cependant à se détacher des factieux. La fidélité séculaire de sa race à la personne des rois de France l'obligea à se présenter le 16 juin devant l'assemblée et à déclarer que, « rempli d'affection pour le bien des églises, il vient lui faire part des intentions de sa majesté, intentions que lui a communiquées le duc de la Trémoïlle : la cour désire un commandement, elle se montrera facile sur les conditions. » Excités par Favas et par l'esprit de révolte qui les poussent aux extrêmes, les protestants élèvent leurs

---

[1] Philippe du Plessis-Marly, seigneur de Mornay et de la Forêt-sur-Sèvre.

prétentions à la hauteur de l'insolence. Ils consentent à envoyer vers le roi des députés chargés de traiter de la paix « *pourvu qu'il lève le siège de Saint-Jean-d'Angély* ».

Revenant à la charge le 1ᵉʳ juillet suivant, Jarnac se rend à la Rochelle, et presse les chefs calvinistes de conclure un arrangement avantageux pendant qu'il en est temps encore.

La reddition de Saint-Jean-d'Angély que le roi Louis XIII venait de soumettre n'effraya pas les Rochelais. Le duc de Bouillon auquel les protestants venaient d'offrir le commandement général avait eu beau répondre aux envoyés : « Si j'étais en état de me faire transporter dans la salle du Louvre (il avait alors la goutte), je me traînerais aux pieds du roy et lui demanderais pardon pour l'assemblée. » Les protestants, excités par les violents discours de Favas et des prédicants, encouragés par le duc de Rohan, plus jeune et plus hardi que Bouillon, qui offrait de prendre sur lui les risques de l'entreprise, maintinrent leurs exigences.

La délibération fut longue et orageuse, ce ne fut que le 9 juillet que les délégués déclarèrent au gouverneur qu'ils ne dissoudraient pas l'assemblée avant que le roi n'eût fait droit à leurs revendications. Devant cette opiniâtreté, Guy dut rompre toute négociation avec les rebelles ; il sortit de la ville, rejoignit la Tremoïlle et ne remit plus les pieds à la Rochelle.

René II vicomte de Rohan.

Chef de l'illustre maison de Rohan, René II fut un des plus vaillants soutiens des calvinistes français au XVIᵉ siècle.

Il habitait ordinairement la Rochelle avec sa femme, haute et puissante dame Catherine de Parthenay, ses deux fils Henri et Benjamin, et ses trois filles, Catherine, Henriette et Anne. Il y mourut en 1586 à l'âge de 36 ans « par un catharre dont il fut saisi subitement ; lequel fut fort regretté. » (Prés. de Thou). C'était en effet un seigneur très considéré, d'un caractère franc et ouvert. Marié à Catherine de Parthenay, il vint souvent passer du temps en Bas-Poitou, au château de Parc-Soubise. Lors de la naissance de son dernier fils Benjamin, il y reçut une députation des principaux bourgeois de la Rochelle.

« En 1583, au mois d'août, furent députés MM. de Courcilles, Esprinchard, Guiton et Jacques Thevenin, pairs de ladicte ville, qui imposèrent le nom de Benjamin au fils de Monseigneur de Rohan, qui pria MM. le maire, les eschevins et pairs de la ville de la Rochelle, lui faire ce bien que de présenter au baptême un sien fils au nom de la communauté » (Mss. de Baudoin).

Henri, duc de Rohan.

Vicomte, puis duc de Rohan et pair de France, Henri de Rohan, énergique et tenace, fin politique, doué de tous les avantages qui permettent de jouer dans le monde un rôle brillant, fut un de ces hommes destinés par leurs grandes qualités à faire le malheur ou la gloire de leur pays, suivant l'usage légitime ou l'abus de leurs talents. Né de chefs protestants, le fils de Catherine de Parthenay semble personnifier en lui un siècle où par un étrange renversement d'idées, la licence s'appela la liberté, la rebellion le droit, où nombre de Français, devenus factieux, « flottèrent dans le tourbillon des partis. »

Si comme sujet fidèle on doit condamner sévèrement la révolte, on peut plaindre les hommes séduits par l'éducation et l'exemple, aveuglés par les préjugés et cet esprit d'indépendance qui, sous le manteau d'une religion nouvelle, faillit aux XVIe et XVIIe siècles mettre la France à deux doigts de sa perte.

Le duc de Bourbon et le maréchal de Lesdiguières s'étant détachés du parti, Henri fut nommé chef des calvinistes. Au mois d'octobre 1612, le conseil de Saintonge, sûr de son appui, convoqua, malgré la défense de la Régente, une assemblée générale des réformés dans la ville de la Rochelle. Le 19 novembre leurs députés arrivent et trois jours après a lieu l'ouverture du Congrès. En vain l'ami fidèle des Rohan, le sage Duplessis-Mornay, soutenu par son gendre Jacques de Jacourt, représente qu'il faut s'en tenir à l'édit de Nantes, que cette assemblée en viole les dispositions par sa tenue illégale, que la présence des députés est désapprouvée par les principaux chefs de la réforme, Bouillon, Lesdiguières, Parabère, Monglats et tant d'autres, l'assemblée persista dans sa mutinerie. Il fallut que les députés rochelais et Catherine de Parthenay, épouvantés d'une guerre hasardeuse entreprise contre la Régente, désapprouvassent la réunion pour que Henry prît le parti de la soumission. Marie de Médicis agréa les excuses des réformés et leur fit certaines concessions avantageuses ; tout ce qu'elle leur avait promis fut exécuté fidèlement.

Cependant Henry de Rohan ne cessait de cabaler ; avant d'aller prendre le commandement des protestants du Midi, il vint à la Rochelle pour exciter le peuple à la révolte. « Il entrait dans la destinée de la Rochelle d'être toujours la première à courir aux armes ; ce n'est pas qu'elle eut plus de penchant à la révolte que les autres villes du parti, mais les chefs qui connaissaient « l'importance de cette place recherchaient avec empressement les magistrats qui la gouvernaient » (Arcère).

Rohan fit prendre au corps de ville les précautions les plus sérieuses : on s'assura des postes de Marans, de Surgères, de Nuaillé, de la Grève, de Rochefort et de Fouras. Pour se procurer de l'argent, on établit des droits sur les prises faites en mer et sur les denrées qui descendaient par la Charente et par la Sèvre, la caisse du receveur des impôts pour le roi fut aussitôt saisie (1615).

Neuf ans après cette nouvelle insurrection, nous retrouverons les incorrigibles factieux, Henry et Soubise, ne se souvenant plus du pardon qu'ils avaient demandé « à genoux aux pieds du Roi » essayant d'allumer à la Rochelle le feu de la révolte. Cette fois le maire et son conseil protestèrent de leur attachement à leur légitime souverain ; ne voulant user envers Sa Majesté que « de supplications et remontrances », ils contraignirent même Soubise à sortir au plus tôt de l'enceinte de leur ville.

Déçu dans ses espérances, mais non abattu, Rohan, déclaré chef des églises réformées, crut devoir faire agir sur l'esprit des peuples chancelants et fatigués de la guerre le puissant ressort de la religion. On le vit « prendre la figure d'un apôtre guerrier, faisant servir ainsi à des vues d'ambition la piété qui les condamne. Dans sa marche, il faisait porter la Bible devant lui ; s'il entrait dans une ville ou dans un bourg, il ne parlait à personne avant qu'au préalable il n'eût fait dans le temple la prière à deux genoux. Le peuple, toujours le jouet de l'imposture, passa bien vite de l'aversion pour la prise d'armes à la résolution de la renouveler et de la soutenir. » (Arcère).

L'auteur protestant Le Vassor écrit à ce sujet, tome V, page 191 : « Le duc faisoit de son côté tout ce qu'il voyoit propre à persuader qu'il ne prenoit les armes que pour la religion. Il affectoit tous les dehors d'une religion outrée... » Et plus loin : « Je ne puis approuver certaines choses qui sentent trop l'affectation et la forfanterie. »

Le Roi, lorsque cette nouvelle rébellion eut été étouffée, pardonna encore aux coupables. A la sollicitation des ambassadeurs d'Angleterre, Maniald, député de la Rochelle près de Sa Majesté, apporta au maire le 27 février 1626 la ratification d'un traité de paix et de la grâce accordée au duc de Rohan, aux Rochelais, et aux autres insurgés des villes protestantes. Le 6 mars, Maniald présenta à l'assemblée tenue à l'hôtel de ville une lettre de Rohan exhortant le peuple à la soumission. Les conditions imposées par Louis XIII furent immédiatement acceptées, et ratifiées du consentement unanime du corps de ville.

Nous ne suivrons pas le duc de Rohan dans ses dernières révoltes. Après la prise de la Rochelle, les réformés cessèrent d'être un parti dans l'Etat.

Les deux frères, Henri et Soubise obtinrent de la clémence royale « remise et abolition de toutes les choses passées ». Non seulement on restitua ses biens au premier, mais on y ajouta encore 100,000 écus qu'il partagea avec ceux qui pendant la guerre avaient combattu à ses côtés.

Le grand capitaine, qui aurait pu être un grand homme, servit alors la France, et conquit en quelques semaines la Valteline ; atteint de blessures mortelles, il termina dans l'abbaye de Kœnigsfeld sa vie aventureuse.

Benjamin de Rohan-Soubise.

Le second fils de Catherine de Parthenay a laissé une triste renommée dans notre province du Bas-Poitou. A l'audace de son frère il joignait la dissimulation, parfois la cruauté ! On peut dire de Soubise qu'il fut « *plus reitre que gentilhomme* ».

Aussi son nom était-il devenu un terme de mépris, un objet de terreur : il y a peu d'années, dans certains cantons de notre bocage, quand une mère voulait gronder un de ses enfants et lui faire honte, elle l'appelait « *Petit Soubise* ».

Henri de Rohan avait confié à Soubise le soin de garder Saint-Jean-d'Angély considéré comme le boulevard de la Rochelle. Assiégée par le roi en personne, la ville fut obligée de capituler après trois semaines de siège (juin 1621). Amené devant Louis XIII, Soubise lui jura fidélité. Croyant à la sincérité de ce serment, le roi pardonna au rebelle sa félonie et lui rendit ses bonnes grâces.

Moins de huit mois ensuite, Soubise s'empresse d'oublier ses serments ; nous le voyons à la Rochelle acceptant de l'Assemblée un corps de 3,000 hommes avec lesquels il entre en Bas-Poitou. Sur son passage il soulève les protestants du pays ; à l'aide de cette bande de soldats avides de sang et de pillage, il sème la terreur jusqu'aux portes de Nantes, brûlant les églises qu'il a dévalisées, égorgeant les catholiques et pendant les prêtres, les religieuses et les moines, après leur avoir fait subir mille outrages.

Emu des désastres inouïs causés à ses sujets par Soubise et sa bande, Louis XIII vole au secours de son peuple. Soubise s'était retranché dans l'île de Riez avec 6 ou 7,000 hommes et 7 pièces de canon. Sa position semblait inexpugnable, l'île de Riez n'étant reliée à la terre ferme que par une chaussée étroite longue de près de deux lieues. A la faveur de la nuit et à marée basse, le roi franchit le passage avec toutes ses troupes, et tombe à l'improviste sur l'armée protestante. Soubise, qui n'avait pas su prendre ses mesures, oublie ses devoirs de général et de soldat. Abandonnant ses troupes à la merci du vainqueur, il ne songe qu'à la retraite : 4,000 réformés mettent bas les armes ; le reste prend la fuite, et est en partie massacrée par les paysans exaspérés des maux que les rebelles leur ont fait souffrir.

Soubise se réfugia à la Rochelle ; la population, outrée de son humiliante déroute et de sa fuite honteuse, lui prodigua les insultes les plus cruelles. Moins sévère, la postérité pourrait peut-être excuser le manque de sang-froid d'un révolté en face de son roi ; mais elle blâmera sévèrement l'impéritie du général qui néglige de garder un poste où une poignée d'hommes eût suffi pour arrêter une armée entière au milieu de marais que la multiplicité des canaux rendait presque inaccessibles.

Catherine et ses filles ressentirent vivement l'humiliation d'une telle aventure : la plus jeune sœur de Soubise « la belle Anne, savante et sage » (Agrippa d'Aubigné)[1], ne put supporter, sans s'en prendre à son frère, le cruel chagrin que lui causa sa félonie. Elle lui écrivit une lettre pleine de regrets amers, dans laquelle l'élévation des pensées et la noblesse des sentiments s'allient à l'éloquence du cœur :

« Le ciel, contribuant à ma peine, semble se douloir avec moi de la fatalité de votre désastre... Maintenant la bonne réputation de notre ancienne race est ensevelie dans le tombeau de l'oubli, puisque votre rechute a corrompu la bonne odeur que la bonne renommée de notre illustre famille avait conservée jusques à vous.

« C'est un mal d'offenser ; et vous savez bien que c'est un mal irrémissible d'offenser son prince. Vous vous deviez contenter d'un premier pardon sans vous mettre au hazard de n'avoir plus de grâce : on ne doit jamais abuser de la miséricorde d'un bon roi....

« D'ailleurs quelle gloire avez-vous acquise en votre rébellion ? J'entends de toutes parts les gémissements des veuves et des orphelins, que la cruauté des armes a destitués d'amis, redonder sur nos têtes, et les plaintes du peuple justement animé étonnent nos oreilles.

« De tous côtés on publie votre malheureux sort, et il n'y a celui qui ne vous crie le père et l'auteur de l'affliction publique.

---

[1] Théodore-Agrippa d'Aubigné.

« Ce n'est pas peu d'être mal voulu du monde, c'est beaucoup de conserver son honneur, et depuis qu'on fait une fois banqueroute à cette qualité, on flotte à tout vent. On estime que vous avez mené vos gens à la boucherie, et les avez exposés à la discrétion du soldat.....

« C'est en quoi vous êtes blamable, car puisque vous les aviez engagés au péril, vous deviez courir avec eux un semblable danger, et non pas les abandonner lorsqu'ils avoient le plus besoin de vous. Depuis que le chef prend la fuite, les compagnons se mettent en déroute. C'étoit là où il falloit vaincre ou mourir, puisque vous y étiez obligé. Vous êtes perdu du tout, car de vous remettre il vous est impossible.

« Faites merveille, vous aurez de la peine à réparer cette brèche. La vie d'un homme ne suffit pas pour acquérir une bonne renommée, et un moindre bronchement est capable de détruire toutes les bonnes actions qu'on a jamais faites. Il faut beaucoup pour acquérir une bonne répution, mais il faut peu pour se mettre en mauvaise odeur : cent bonnes actions sont étouffées par une seule faute, et c'est ce qui maintenant nous fait gémir et pleurer.

« Que dira-t-on maintenant de la maison de Rohan qui a marché de pair avec les rois et est maintenant ravalée jusques à l'indifférence par votre seule ambition. La gloire d'être chef d'une société séditieuse vous a fait franchir les bornes du devoir ; vous ne deviez entreprendre que ce qui étoit juste ....

« Or sus, mon cher frère, ce n'est pas tout : puisque c'est une faute, il faut la couvrir. Tâchez à amender votre marché, et moi je prierai Dieu qu'il préside à vos conseils, et conduise tout havre de grâce, pour son honneur et sa gloire. »

Plusieurs auteurs attribuent à un bourgeois de la Rochelle une chanson en patois sur la déroute de Riez. « Nul autre récit ne poindrait mieux la joie de nos pauvres paysans, furieux des dévastations que commettaient alors les huguenots dans les campagnes du Poitou restées catholiques. »

Nous ne croyons pas sortir de notre cadre en transcrivant à cette place quelques couplets de cette chanson populaire :

Chanson poitevine sur la réjouissance de la déroute du sieur de Soubise et de ses gens dans l'île de Riez par le roi Louis XIII, d'heureuse mémoire.

(Extraits).

REFRAIN

Vive le Ré, notre ban sire
O n'en fut jamais un itau[1].

I quiou bea Monsiou de Soubise,
Qui s'dit le ré dos parpaillaux[2],
Tot embufli do vent de bise,
A monti su sez grons chivaux.

Glo sant sortis de la Rochelle
Pre fère la loi aux papaux,
Ponsont d'ine façon ribelle,
Les mongi en in grain de sau[3].

Pre fère in moult bea sacrefice
A lur gront diamoure infernau,
Lie firent brûli nous Eglises,
Etounirant[4] tos nous houstaux.

Notre ban Ré vinguit à Nantes
Pre buttre fin à nos travaux,
Et d'ine façon bon galante,
Dounit la chasse aux parpaillaux.

Glo fit si bon, pre sa finesse
Qu'en ine net[5], tot d'in plain sault,
Avec sa brave noblesse,
Glo surpringuit lez parpaillaux.

[1] Itau... *semblable.*
[2] Parpaillaux... *huguenots.*
[3] Sau... *sel.*
[4] Etounirant... *dévastèrent.*
[5] Net... *nuit.*

Vertu Dé ! la grond boucherie
Qu'ol en fut fat dan la journau !
I cré que plus de quatre mille
Furant guaris de tot lurs maux.

Quand I ontondis la huée
Et la chasse dos parpaillaux,
I ve pris ma gronde couguée,
Et les fendas queme naviaux.

Qu'o sont geons de pol de cervelle
Qu'allez malotrus parpaillaux
De se brûli à la chondelle,
Après que gl'ont fat tant de maux !

Chantons tretous à plaine taite,
La défaite dos parpaillaux ;
Pre notre Ré fasons grond faite,
Priant Dé que gle gard' de maux.

Vive le Ré, notre bon sire...

(*La gente poëtevinrie*, p. 35. Imp. en 1660.)

L'année suivante, Soubise, auquel le roi avait encore pardonné, osa paraître à la cour avec madame la duchesse de Rohan, ce qui ne l'empêcha pas quelques mois après, en 1624, d'oublier la grâce que son frère et lui, à genoux aux pieds du roi, avaient obtenue de Sa Majesté. Il sollicite l'appui des Rochelais pour une expédition qu'il projetait contre une partie de la flotte royale mouillée à l'embouchure du Blavet. Désapprouvant les projets de Soubise, et ne voulant pas engager une nouvelle lutte contre leur souverain, le corps de ville lui intima l'ordre de sortir de l'ile de Ré, son refuge ordinaire après ses courses sur mer. Malgré cette opposition, Soubise parvint après mille dangers à s'emparer, en Bretagne, de quelques vaisseaux, et à les ramener triomphalement dans le port de la Rochelle.

Cette heureuse expédition lui permit d'armer une flotte composée de 74 navires de guerre, montés en grande partie par ces hardis marins rochelais qui passaient alors et à juste titre pour les meilleurs matelots de l'Ouest.

Après avoir forcé l'entrée de la Gironde et ravagé les côtes du Médoc, Soubise, apprenant que la flotte royale soutenue par une escadre hollandaise le cherchait pour le combattre, jeta l'ancre à l'île de Ré, sous la protection des forts de Saint-Martin. Sans perdre de temps, Soubise envoie un parlementaire à l'amiral hollandais pour lui observer que, tous deux étant de la même religion, ils doivent surseoir aux hostilités. L'amiral y consent dans l'espoir que la paix qui se traite à Paris va se conclure : on échange même des otages, lorsque, au mépris de la *foi jurée*, Soubise tombe inopinément sur la flotte combinée. Deux brûlots rochelais, dirigés sur la flotte hollandaise à la faveur du vent et de la marée, s'attachant aux flancs du navire que commandait le vice-amiral Dup, le brûlent et font périr 300 hommes. La victoire reste indécise : chaque flotte se retire dans son mouillage.

Indigné d'une telle félonie, Louis XIII envoie aux Sables-d'Olonne le duc de Montmorency avec ordre de se mettre à la tête d'une flotte composée de 66 voiles.

Le 14 septembre, à 11 heures du soir, la flotte royale appareille, et à 10 heures du matin elle arrive par le travers du Porthuis-Breton où les navires des Rochelais étaient mouillés. Averti par ses émissaires que des chaloupes chargées de soldats royalistes cinglent vers l'île de Ré, Soubise lève l'ancre et s'empresse de mettre sa flotte en sureté dans le canal étroit qui conduit de la haute mer au port de la Rochelle.

Il se hâte de débarquer dans l'île et vole au secours de la garnison à la tête de 600 hommes, de 120 chevaux et de 4 pièces de canon.

Les troupes royales, malgré le feu violent des Rochelais, se lancent résolûment à l'eau, ayant à leur tête le brave Toiras[1]. Le choc fut terrible et la victoire longtemps indécise. Soubise se battit comme

---

[1] Jean du Cayrac de Saint-Bonnet, maréchal de Toiras, gentilhomme du Languedoc.

un lion : 800 rebelles restèrent sur la place, 400 se noyèrent dans les marais ; l'armée du roi subit des pertes cruelles, en officiers de mérite surtout. Comme preuve de l'acharnement des deux partis, l'historien du maréchal de Toiras raconte « qu'on comptait sur le corps du baron de Cause 30 coups d'épée et de pique, et qu'on pouvait dire de lui qu'il sortait de ses plaies plus de gloire que de sang ».

Le peuple, toujours enclin à accuser ses chefs de trahison quand la fortune les abandonne, prétendit que Soubise avait été simple spectateur du combat et avait été le premier à fuir. Un témoin oculaire Saint-Luc, officier catholique d'une grande valeur, a vengé Soubise de cette calomnieuse imputation : « Il se présenta, dit-il, à la tête de sa cavalerie pour enfoncer par les flancs notre infanterie » (1626). Malgré cette nouvelle rébellion, le Roi pardonna de nouveau aux chefs calvinistes, et la paix fut signée à Paris.

Vaincu, mais non abattu, Soubise se réfugia en Angleterre et noua de nouvelles intrigues. Ce rebelle incorrigible acheva la ruine de son parti, et attira sur la Rochelle la plus épouvantable des calamités.

La guerre déclarée entre la France et l'Angleterre lui fournit de nouvelles armes. Georges de Villiers, duc de Buckingham, paraît le 20 juillet de 1627 en vue de l'ile de Ré avec une flotte puissante et 8,000 hommes de débarquement. Soubise qui l'accompagne se jette aussitôt dans une chaloupe et se présente à l'entrée du port de la Rochelle. Le maire Godefroi, persuadé que ce seigneur veut engager la ville dans la guerre allumée par ses intrigues, lui en refusa l'entrée. Prévenue de ce qui se passe, « Arrive Mme de Rohan sa mère, retirée en la ville quelques mois auparavant, qui, après les embrassades et les salutations, le prit par la main, et lui dit d'une voix assez haute (afin d'être ouye dudict sieur maire et de force peuple qui estoit accouru là) : « Mon fils, venez voir votre sœur qui est fort malade. » Ausquelles paroles, sans aultrement demander l'adveu du maire qui se trouva fort surpris, et n'osa ouvertement et par force s'opposer à luy, il entra dans la ville avec elle » (Mervault).

Malgré la présence de Soubise et du secrétaire de Buckingham, les Rochelais hésitaient à prendre les armes : la ville était divisée en deux partis. Le corps de ville penchait en majorité du côté de l'obéissance à son légitime souverain ; sans les intrigues de Soubise et les promesses de l'anglais Becker, secrétaire de Buckingham, le peuple, touché de la bonté du roi Louis XIII toujours prêt à lui pardonner, découragé surtout par les nombreux échecs qu'il venait d'éprouver, eût préféré aux hasards de la guerre la douce tranquillité dont il commençait à jouir.

Il était dit que les excitations de Soubise et les belles promesses de Buckingham allumeraient dans la malheureuse cité l'incendie qui devait la dévorer à bref délai en faisant périr plus des quatre cinquièmes de ses habitants. La populace força la main aux bourgeois et aux officiers municipaux ennemis de l'alliance avec l'étranger.

Malgré ses incessantes rébellions, la partie saine de la Rochelle était restée française. Si Soubise avait demandé des secours aux Anglais, c'était en dehors et sans l'autorisation du corps de ville : ce seigneur savait pertinemment que les Rochelais détestaient l'ancienne domination anglaise, et que, s'ils étaient entrés maintes fois dans ses desseins, c'était surtout pour conserver avec leurs vieilles franchises communales le libre exercice de leur nouvelle religion. Aussi leur surprise fut-elle extrême quand ils virent la flotte anglaise jeter l'ancre en vue de leur ville.

Les Rochelais n'eurent pas de peine à deviner le plan de Buckingham ; son but inavoué, mais clair, quand surtout on connaît le mobile qui fait agir les Anglais, était, non de servir les intérêts de la Rochelle, ce dont il se souciait médiocrement, mais bien de lui faire payer cher ses services ; puis peu à peu de lui imposer son protectorat en attendant l'occupation définitive. En armant une flotte formidable, l'Angleterre espérait se fortifier dans un poste d'où il serait difficile de l'expulser et faire de la Rochelle un nouveau Calais.

Ces espérances, les Rochelais surent les déjouer : le traité d'union qu'ils conclurent avec Buckingham ne fut pas un engagement de servitude, ils acceptaient les Anglais comme auxiliaires, mais non comme maîtres. Cette attitude réservée explique pourquoi l'amiral anglais ne tenta que peu d'efforts pour ravitailler et secourir la Rochelle aux abois. La Grande-Bretagne n'a pas l'habitude de combattre pour la gloire et l'honneur, elle ne hasarde ses troupes et n'ouvre ses trésors que dans l'intérêt de son commerce et pour acquérir des avantages pécuniaires. Le roi, irrité de cette nouvelle mutinerie, ordonna au duc d'Angoulême d'investir la ville, après toutefois avoir sommé les révoltés de se soumettre à l'autorité royale : souvent sur le bord de tomber dans un précipice, on s'obstine à ne pas reculer. Le peuple, égaré par Soubise et par les prédications des ministres calvinistes, refusa d'obéir au roi ; tous les officiers du présidial, sauf sept, redoutant les suites de cette rébellion, sortirent de la ville, le blocus le plus rigoureux fut aussitôt décidé (août 1627).

Pendant les 14 mois que dura le siège, Soubise, retiré sur les vaisseaux anglais, essaya, mais en vain, de secourir les malheureux que son orgueil et sa félonie avaient engagés dans cette lamentable aventure.

Après la prise de la Rochelle, Soubise se retira en Angleterre ; il y finit ses jours dans la tristesse, haï de ses coreligionnaires, méprisé de ses ennemis.

Catherine de Parthenay

La duchesse de Rohan séjournait alternativement au château du Parc-Soubise et à la Rochelle. « Le corps de ville, le 13 février 1626, lors de l'arrivée de Catherine à la Rochelle, lui fit une réception brillante et lui offrit l'hôtel de Marsan, situé rue Dompierre, aujourd'hui rue Flourian. » (*Ephém. de la Rochelle*, Jourdan). Catherine ne devait quitter l'hôtel de Marsan que pour le donjon de Niort

Avant d'établir le blocus autour de la Rochelle, le duc d'Angoulême voulut tenter un dernier effort pour ramener les révoltés à l'obéissance envers le roi. Connaissant l'influence décisive que Catherine exerçait sur les résolutions du conseil, le duc entra dans la ville et se rendit tout droit à l'hôtel de Marsan. Il ne put rien obtenir de l'altière duchesse ; avec une énergie digne d'une meilleure cause, Catherine et sa plus jeune fille, Mlle Anne, préférèrent courir les risques d'un siège qui s'annonçait plein de périls. Le duc d'Angoulême eut beau observer à Mme de Rohan que l'alliance avec les Anglais serait considérée comme un crime de lèse-majesté, affectant de ne pas compter sur les secours des ennemis du royaume et persistant dans sa résolution, la duchesse lui répondit « que les vendanges n'étant pas encore venues, il ne faudrait alors aux assiégeants autres ennemis pour les combattre que les raisins et les vins nouveaux » (Mervault).

La fin du mois d'août vit le blocus se resserrer du côté de la terre ; Richelieu, en construisant la fameuse digue dont à marée basse on découvre encore les fondements, empêcha le ravitaillement de la place du côté de la mer. Le roi arriva au camp le 12 octobre suivant. La Rochelle n'avait plus qu'à se rendre ou à mourir de faim ; le peuple, fanatisé par le maire Guiton et par les ministres calvinistes, soutenu par l'exemple de Mme et de Mlle de Rohan, préféra mourir.

Nous n'entrerons pas dans les détails de ce siège mémorable. Catherine de Parthenay et sa fille, en secondant la farouche énergie de Guiton, jouèrent un rôle considérable dans la défense d'une ville que les calvinistes considéraient comme leur boulevard. On vit ces deux femmes soutenir les courages chancelants et supporter sans murmure les horreurs d'un siège que maints auteurs ont comparé à celui de Jérusalem.

Au moment où les vivres commencèrent à manquer, Mme de Rohan « fit demander au roi la permission de quitter la place avec deux cents femmes ». Louis XIII répond « que tous les habitants sortiraient le même jour ». Alors la mère et la fille voulurent partager le sort des plus misérables, elles distribuèrent la viande de leurs chevaux à la foule affamée (Mervault). Nous les verrons plus tard manger une sorte d'horrible bouillie, dont les cuirs de leurs harnais seront la base, quand à prix d'or elles ne pourront plus se procurer ni blé, ni rats, ni coquillages ! ! Il faut lire dans le journal quotidien d'un témoin oculaire, *Mervault*, les navrants détails de ce siège.

Moins d'un an après l'investissement de la place, le blé et les autres provisions étant épuisés, on dévora les animaux de toute espèce, même les plus immondes et les reptiles les plus répugnants. A la bouillie de cuir succéda, hâtant le trépas des affamés, une pâte horrible composée de la poudre des os que les chiens avaient abandonnés, de plâtre et de sciure de bois ; on fit des prières publiques pour conjurer le ciel d'ouvrir ses nuées, afin que la terre rafraîchie pût produire un peu d'herbe ; on déterra plusieurs cadavres pour s'en repaître. Détail affreux, une malheureuse femme mourut en se dévorant un bras. Dans chaque maison riche on eut soin de se faire faire autant de cercueils qu'il y avait de membres dans la famille.

La garnison, composée au début de 12 compagnies rochelaises et de 6 ou 700 auxiliaires anglais, fut réduite à la fin du siège à 74 Français et à 62 Anglais.

Je laisse la parole à Mervault :

« Les soldats qui avec les habitans estoient comme des anatomies peu à peu défailloient, sur quoy est notable ce qui arriva à deux Anglois qui sentans qu'ilz n'en pouvoient plus allèrent de compagnie chez un menuisier commander chacun leur coffre pour le lendemain huit heures du matin. L'aultre du commencement en faisoit refus, joinct que lui-mesme, atténué de la faim, n'avoit pas, disoit-il, assez de forces pour travailler. Néantmoins les deux le pressans et le payans par advance, le gain lui fist entreprendre, et devant eulx commença son œuvre, et acheva ces deux cercueils, qui vindrent à poinct à ceulx qui les avoient commandez, veu que, dès le propre soir, l'un mourut, et l'aultre le lendemain sur les 10 ou 11 heures du matin.

« La famine se renforçoit horrible et espouvantable, ne se trouvant plus du tout rien. Il y avoit plus de trois mois que le plus grand nombre ne sçavoit plus que c'estoit de pain ni des provisions ordinaires. Les chevaux, asnes, mulets, chiens, chats, jusques aux rats et souris estoient mangez. Il ne leur restoit ni herbes ni limaçons par les champs ; le recours estoit aux cuirs et peaux de bœufs et de moutons, cornes de cerf mises en poudre, vieux pourpoints de buffle, souliers, bottes, devantaux de cuir, ceintures, port espées, pochettes, aiguillettes, colle de Flandre fricassée, pain de paille fait avec un peu de sucre, iris, gelée de peaux de bœuf et mouton, bois pilé, plastre, terre, fiente (ce que ay veu de mes yeux), charognes et os que les chiens avóient autrefois rongez, et finalement à tout ce qui venait à la fantaisie et devant les yeux, qui donnoit plustôt la mort qu'aucun soutien et prolongement de vie, dont il ne passait iour qu'il ne mouroit deux ou trois cents personnes et plus, en telle sorte que non seulement les cimetières, mais mesme les maisons, ruës et extrémitez de la ville se virent en peu de temps remplis de corps morts, sans avoir d'aultre sépulture que les lieux où ils mouraient, les vivants n'ayant pas la force de leur creuser des fosses pour les mettre dedans : plusieurs même alloient mourir dans le cimetière. »

Plus loin Mervault nous apprend que « lorsqu'on mettoit les compagnies en garde, le matin il s'en trouvoit une moitié de morts ; tels mêmes rendoient l'esprit au lieu où on les avoit mis en sentinelle, et iusques-là qu'il s'est passé plusieurs nuits sans qu'il y eust personne en la plus part des corps de garde. »

Quelques lignes plus haut, le même témoin raconte « qu'on ne pouvoit plus remuer le canon, et qu'on désista de sonner la grosse cloche *pour le presche* ».

Bientôt la malheureuse ville ne fut plus qu'un vaste sépulcre : des familles entières périssaient à la fois, leurs propres maisons leur servaient de tombeaux. Séduit par les promesses des Anglais dont la flotte croisait toujours au large, terrorisé par le farouche Guiton qui avait juré de « poignarder le premier qui parlerait de se rendre », le peuple s'était résigné à mourir de faim ; pendant tout le temps du blocus, il n'y eut aucune émeute populaire pour obliger le corps de ville à ouvrir les portes de la Rochelle. Aussi, quand les troupes royales entrèrent dans la ville, 5,000 habitants sur 27 ou 28,000, chiffre de la population avant le siège, restaient seuls en vie, et encore avaient-ils plus l'air de spectres que d'êtres vivants : « le souffle qui leur restait n'était dû qu'à la lenteur de la mort. » (Arcère).

A la vue d'un tel désastre, Louis XIII fut ému d'une vive compassion. « Il fut remarqué à son entrée, que, voyant les pauvres habitans comme des anatomies et qui à peine avoient face d'hommes, il en eust pitié iusques à espandre des larmes. » (Mervault).

Le roi donna aussitôt l'ordre de ravitailler la place et d'y faire entrer des vivres.

Guiton avait juré de ne pas se rendre « tant qu'il y aurait un homme pour fermer les portes ». Il fut cependant des premiers à proposer la capitulation. On vit alors ce fier républicain, toujours prêt à mourir pour la patrie, se décider à vivre avec elle! Deux seules personnes furent exceptées de l'amnistie : le roi voulut se réserver de décider du sort de Mesdames de Rohan.

Conduites au château de Niort, Catherine de Parthenay et sa fille restèrent en prison jusqu'à la fin de juin 1629, époque à laquelle Richelieu imposa aux huguenots le traité de paix qui mit fin à *ce parti dans l'Etat*.

La captivité de Mesdames de Rohan fut supportée avec dignité : la mise à prix de la tête d'Henri de Rohan, les dangers que courait le rebelle incorrigible étaient, dans leur prison, leur seule préoccupation. Ce seigneur tenait toujours la campagne à la tête des bandes calvinistes. Le 8 juin 1629, sa mère lui écrit pour l'engager à se soumettre au roi. Avec la permission de Sa Majesté, elle lui députa le seigneur de Malleray[1] et un de ses amis, *Mgr d'Irland*, avec cette missive :

« Mon fils, vous saurez par eux l'extrême envie que j'ai de vous voir remis aux bonnes grâces du roi... Je n'espère plus longue exhortation ni de plus forte conjuration que de vous prier le plus affectueusement qu'il m'est possible, d'entendre les propositions qu'ils vous feront d'avoir à cœur les commandements du Roi et de Monseigneur le Cardinal sur ce projet, pour aviser au moyen de pacifier les troubles du pays où vous êtes, et faire que le Roi soit servi de vous et de tous ceux qui vous accompagnent. Mgr d'Ir-

[1] Le seigneur d'Irland, maire de Poitiers : on croit qu'il était seigneur de de Bazoges en Pareds.

land croit qu'il ne sera rien requis de vous qui fût contre votre conscience, honneur et sûreté : cela étant, je ne doute pas que vous ne vous rendiez facile à toutes les conditions qui vous sont offertes..... Je me contenterai de prier Dieu qu'il plaise bénir cette négociation, et que sous l'obéissance et service de Sa Majesté vous puissiez tenir du repos et du contentement que vous désire votre très affectionnée mère.

« CATHERINE DE PARTHENAY. »

Henri de Rohan se rendit aux sages conseils de sa mère. Le roi, toujours prêt à pardonner en père à ses sujets, octroya aux deux frères « *remise et abolition de toutes les choses passées* ».

La duchesse de Rohan revint avec sa fille habiter le château du Parc-Soubise. Ployant sous le poids des années, elle montra jusqu'à la fin ce mâle courage qui a fait de *la grande Catherine* une des figures les plus remarquables de cette époque tourmentée.

La Rochelle a survécu à ses désastres, elle a réparé ses ruines, et, sous la direction de Vauban, elle a entouré son enceinte d'ouvrages défensifs remarquables. L'impartiale histoire dira à son honneur que, depuis sa soumission, la Rochelle donna maintes fois des preuves de son amour pour son souverain et de sa fidélité à la patrie.

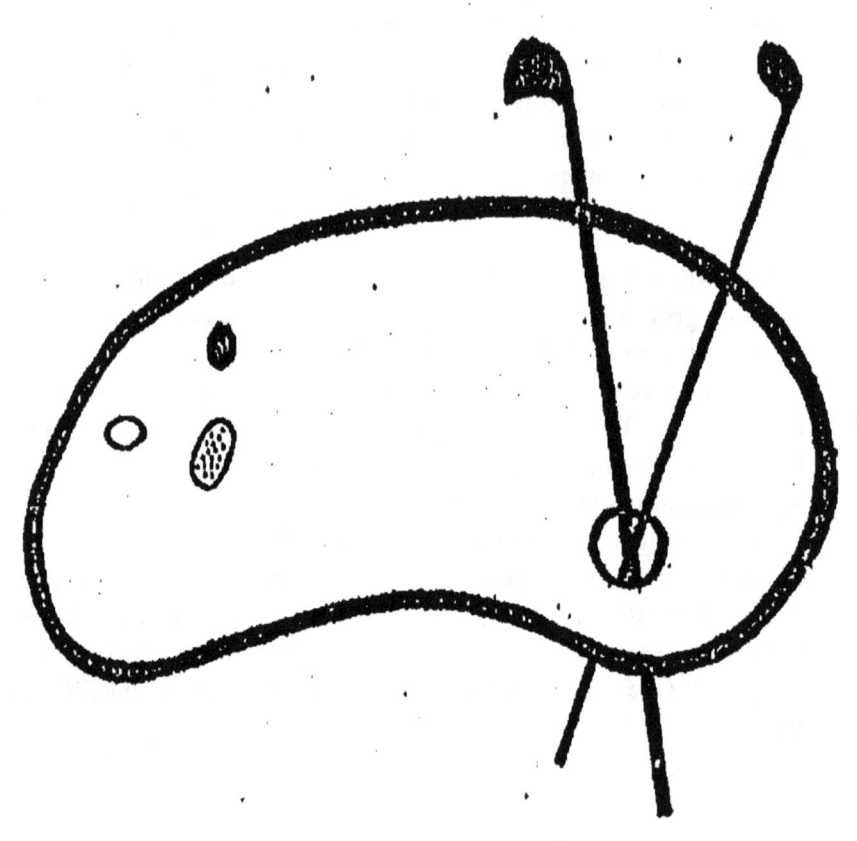

ORIGINAL EN COULEUR
Nº Z 43-120-8

www.ingramcontent.com/pod-product-compliance
Lightning Source LLC
Chambersburg PA
CBHW060513050426
42451CB00009B/965